AF360339

Tiré à 80 exemplaires numérotés.

N° ...

MIRACLE

ADVENU AUX ANDELYS
PAR L'INTERCESSION DE Ste-CLOTILDE

RÉIMPRESSION FAC-SIMILE

D'UNE RELATION DU XVIIe SIÈCLE

Précédée d'un abrégé de la vie de Sainte-Clotilde

ET DE NOTES

Sur ses Légendes, ses Miracles, son Culte en Normandie

PAR

C^{H.} LORMIER

ROUEN

LANCTIN, LIBRAIRE DE LA COUR IMPÉRIALE

RUE DE LA GROSSE-HORLOGE, 33

—

1870

SAINTE-CLOTILDE. — Ses Légendes et ses Miracles. —
Son Culte en Normandie.

Clotilde, fille de Chilpéric, roi des Bourguignons, naquit vers 475, sa jeunesse fut éprouvée par les plus cruels malheurs: son père ayant été massacré, sa mère et ses deux frères noyés par son oncle Gondebaud, elle et sa sœur Chrona ne durent qu'à leur âge et à leur faiblesse d'être épargnées. L'une et l'autre restèrent fidèles à la religion catholique qu'elles avaient vu observer par leur mère, donnant, au milieu de la cour arienne des Bourguignons, où elles étaient élevées, l'exemple de toutes les vertus. Clovis, roi des Francs, ayant entendu vanter la beauté, l'esprit et toutes les qualités de la jeune Clotilde, envoya demander à Gondebaud la main de sa nièce, qui lui fut accordée; il l'épousa à Soissons en 493.

Ce retour à une existence en rapport avec sa royale origine eut bientôt encore ses traverses et ses peines ; elle perdit, quelques jours après sa naissance, son premier enfant, Ingomer ; Clovis, imbu des idées et des préventions du paganisme, attribua cette mort au baptême qui l'avait consacré au Dieu des Chrétiens ; « si l'enfant eût été consacré au nom de mes dieux, dit-il à Clotilde, il vivrait encore. » La pieuse reine, ayant eu plus tard un autre fils, le fit baptiser sous le nom de Clodomir, mais presque immédiatement l'enfant étant tombé malade, le roi en colère lui vint dire : « il ne peut arriver à celui-ci que ce qui est arrivé à son frère, et, baptisé au nom de votre Christ, il doit aussi, bientôt mourir. » Clotilde eut alors recours à la prière, et fervente pour son enfant qu'elle voulait sauver, fervente pour sa foi qu'elle espérait faire partager à Clovis, elle obtint d'être exaucée : l'enfant fut rappelé à la vie. Mais ni cette preuve de la miséricorde divine, ni les douces et chrétiennes vertus qui frappaient chaque jour ses yeux, ne semblaient avoir encore touché le fier et belliqueux roi des Francs, lorsque dans une guerre entreprise contre les Alemans, le pieux, l'incessant appel de Clotilde se fit tout d'un coup entendre à son cœur. Les armées ennemies s'étaient rencontrées en un lieu appelé Tolbiac et la victoire paraissait sur le point d'échapper à Clovis; celui-ci, désespérant de ses dieux et de ses armes, leva ses yeux en pleurs vers le ciel et fit cette prière : « Jésus-Christ que Clotilde annonce être le fils du Dieu vivant qui donne secours à qui l'implore, accorde moi la victoire et je me ferai chrétien. » Les Alemans lachèrent pied aussitôt, Clovis resta maître du champ de bataille, et, fidèle à sa promesse, dès la même année à la fête de Noël, 496, reçut à Rheims, des mains de saint Remy, le baptême avec plus de 3,000 hommes de son armée.

Peu de temps après la mort de ce prince, arrivée en 511, Clotilde se retira à Tours, près du tombeau de saint Martin ; sa vie, un moment troublée par les divisions de ses fils, se recueillit alors entière dans l'oraison. Elle semblait vouloir oublier, dans une existence toute d'abnégation, de mortification, de pénitence, de charité sans bornes pour les affligés, pour les pauvres, pour les malades, tous ses jours passés dans le bien-être des cours. Enfin, elle mourut le 3 juin 545, *plena dierum bonisque operibus prædita*, dit l'historien Grégoire de Tours. On transporta en grande pompe son corps à Paris, il fut enseveli dans le sanctuaire de la basilique de Saint-Pierre, devenue depuis l'église Sainte-Geneviève, qu'elle avait fait construire elle-même et où était inhumé le corps de Clovis.

A cette vie si simple, si digne, la tradition a mêlé des faits extraordinaires qu'il importe de rapporter, les uns parce qu'ils touchent à quelques points de notre histoire, les autres parce qu'ils expliquent certaines croyances populaires. Aussi sans dédain superbe comme sans crédulité aveugle, transcrirons-nous ici dans leur forme naïve ces singuliers épisodes.

« Il arriua vne chose fort memorable à saincte Clotilde. Depuis le baptesme de Clouis, la Reine auoit accoustumé de frequenter en vn lieu de deuotion en vn bois, pres d'vne fontaine, en la Chastelenie de Poissy proche de Paris, où estoit vn sainct Hermite bon seruiteur de Dieu, viuant en grande penitence, lequel estant vn iour en oraison, vn Ange descendit du ciel, portant vn escusson en champ d'asur, avec trois fleurs de lis d'or, luy disant que c'estoient les armoiries que Dieu enuoyoit à saincte Clotilde, pour estre offertes a son mary, et à tous les Rois de France qui le suyuiroient. La Reine bien ioyeuse de ceste apparition, les presenta à son mary qui quitta les premieres armes des François, qui estoient selon aucuns trois crapaux, mais selon les autres trois couronnes de gueule en champ d'argent » (1). — J. DESMAY, *Vie de Sainte-Clotilde*. Rouen, 1613.

(1) Quoique se rattachant seulement d'une manière indirecte à l'histoire de Sainte-Clotilde, nous ne saurions omettre deux curieuses étymologies trouvées par le même auteur, d'abord l'origine du fameux cri de guerre : *Mont-joie Saint-Denis*. « Il faut sçavoir que Clouis estant Payen faisoit porter vne cornette deuant ses troupes qu'on appeloit auriflambe ; pour ce qu'elle estoit composée de deux matieres, d'or et d'vne autre couleur de feu. Le fond de cest estandart estoit de toille d'or, et vn Iupiter auec son foudre estoit dépeint dessus, Et ce foudre rendoit des flammes de feu parsemées par tout la toille d'or. Aussi Clouis recognoissoit Iupiter pour son Dieu, et son iurement estoit *par mon Ioue*, c'est à dire par mon Dieu Iupiter. Mais lors qu'il apperçeut la tromperie, et que Iupiter n'estoit qu'vne Idole sans aucun pouuoir, et qu'il eust ressenti l'assistance du Dieu des Chrestiens, Il dit à ses soldats qu'ils prinssent courage, et que son *Ioue*, c'est-à-dire son Dieu, n'estoit plus vn Iupiter ; Mais le Dieu que S. Denis auoit presché en France, comme sa femme Clotilde luy auoit fait entendre : D'où vint qu'il dit, *Mon Ioue*

Empruntons encore à ce livre quelques-uns de ses naïfs récits :

« Vne chose émerueillable aduint au lieu d'Andelys, lors que saincte Clotilde faisoit travailler à la structure de l'Eglise... Il arriua durant ce temps-là vne grande cherté de vin, et alors les vignes n'estoient pas encores plantées és costes d'Andely, comme nous les voyons auiourd'huy : Les massons et ouuriers auoient grande peine à paracheuer leur ouurage, les forces leur manquant faute de vin, et souuent murmuroient contre la Reine, de ce que le vin leur manquoit. Saincte Clotilde meuë de compassion, et desireuse de voir bien tost ce sainct ouurage paracheué, se mit en oraisons. Et comme autresfois Moyse,

Sant Denis, c'est à dire, mon Dieu est celui de S. Denis. Et depuis ce temps-là il fit dépeindre en son Auriflambe l'Image de Iesus-Christ, et de la Vierge Marie sa mere au lieu de Iupiter » !... Dans un autre endroit du même livre, on rencontre une non moins extraordinaire étymologie latine d'Andely : « Aucuns tiennent qu'Andely auoit vn autre nom auparavant que la Reine S. Clotilde y fit son séjour; mais depuis qu'elle y eut faict bastir, ce lieu fut appellé Andelys, pource que les premiers fondemens de l'Eglise et maison où se retiroit la Reine, furent iettez deuant que les Lys fussent apportez du Ciel, et *Andeliacum* veut dire *Antelilium*, deuant le Lis. »

Elye , et Agar, prioient pour trouuer des
eaux en temps de seicheresses, Saincte Clotilde demandoit à Dieu du vin en temps de
stérilité, pour donner courage à ceux qui tra-
uailloient pour la gloire de son sainct Nom,
elle n'eut pas si tost finy sa priere, que voicy
vne belle fontaine christaline, qui auec im-
petuosité sortit de terre, qui de sa veuë res-
ioüissoit les yeux de ceux qui la regardoient,
tant elle estoit belle, claire et agreable. Saincte
Clotilde toute estonnée de ceste nouuelle
source, se douta bien que Dieu ne l'auoit pas
enuoyée pour neant, et que de ce miracle en
sortiroit vn autre ; elle se remit derechef à la
priere , et durant l'oraison, vn doux sommeil
la saisit, durant lequel elle vit vne apparitión
d'vn Ange enuoyé de la part de Dieu, qui luy
donna asseurance que ces requestes estoient
receuës de Dieu, et que pour obtemperer à sa
demande, il luy auoit enuoyé ceste fontaine,
de laquelle elle puiseroit pour enuoyer a ses
ouuriers, lors qu'ils luy demanderoient du
vin, et que Dieu auoit donné à ceste eau ,
comme il donna à la manne, vn goust pour
satisfaire à l'appetit de ceux qui en gouste-
roient, et que pour les ouuriers, elle auroit la
force, goust et proprieté de vin. Le lendemain

les massons lassez du trauail, et bruslez de l'ardeur du Soleil, faisoient de grandes complaintes de ce qu'ils estoient mal traictez. Alors saincte Clotilde pleine de confiance, leur enuoya plein vn grand vaisseau de ceste eau, laquelle se conuertissoit en vin lors que les ouuriers beuvoient : ce qui les estonna fort, et quittans leurs besongnes s'en alloient trouuer la Reine, se prosternant à deux genoux à ses pieds, luy demandans pardon de leur murmur, et la recognoissans pour vne Saincte de grands merites deuant Dieu et confessoient que iamais ils n'auoient beu de si bon vin… Aussi tost que l'Eglise fut paracheuée, les ouuriers ne sentirent plus le goust ny odeur de vin, mais comme faisoient les autres, le goust d'vne eau naturelle. Depuis ce miracle, on a accoustumé tous les ans d'en rendre action de graces a Dieu… Les Chanoines de nostre Dame d'Andely auec tous les Ecclésiastiques des parroisses, le corps de Iustice et tout le peuple, qui y aborde de fort loin, celebrent vne procession fort solennelle et religieuse, où ils marchent chantans hymnes et cantiques auec l'image de saincte Clotilde, en signe de triomphe iusques à la fontaine (qui se voit encore pour le iourd'huy) où se trouve

une grande affluence de monde, qui raconte
aux generations suyuantes les œuvres de Dieu
en ses Saints... Et depuis ce miracle arriué à
l'endroit des eaux de ceste fontaine, on a remarqué de siecle en siecle que la vertu diuine
y opere de belles cures donnant la santé
aux pauures febricitans et malades, qui par
deuotion, ou boiuent ou se lavent de ceste
eau, ainsi qu'il arriua ceste année 1612. le 2. de
Iuin, à vn enfant perclus de ses membres qui
ne se pouuoit soustenir, que sa mere auoit apporté, qui fut entierement reguery apres auoir
faict prieres à saincte Clotilde, et s'estre laué
de l'eau de ladite fontaine. Plusieurs bourgeois ont veu l'enfant, et oüy le tesmoignage
de la mere... Beaucoup d'autres miracles ont
esté faicts par les mérites et intercessions de
saincte Clotilde. Comme vne femme de
Gournay, percluse de tous ses membres en
l'an 1596, ayant esté lauée de l'eau de la fontaine; Et vn autre ieune homme l'an 1608.
Desquels miracles beaucoup des plus honorables bourgeois de la ville d'Andely sont
tesmoins oculaires, qui m'en ont fait le recit.
Bref, c'est une chose si frequente que l'œuvre
des miracles en ce lieu d'Andely, qu'il me
faudroit faire vn liure a part, si ie voulois

escrire toutes les guerisons miraculeuses qui y sont arriuées de nostre cognoissance. Et aucuns sont encores en vie en ladite ville qui alloient se trainans sur la terre, et maintenant marchent droit sans difficulté, depuis qu'ils ont inuocqué l'ayde de saincte Clotilde, tesmoing vn tailleur d'habits audit lieu d'Andely, lequel l'an 1598, estant malade d'vne paralise espanduë vniuersellement sur tous ses membres, ayant fait vœu de visiter l'Eglise de Saincte Clotilde au grand Andely, y fut apporté dans vne chaire par quatre hommes, et aussi tost qu'il fut entré en ladite Eglise, commença à marcher, ce qu'il n'avoit faict de six mois auparauant, et depuis il a esté entierement guery. » — J. DESMAY, *Vie de Sainte Clotilde* (1).

(1) Jacques Desmay, docteur de Sorbonne, sur l'existence duquel les biographes ne donnent pas de détails, est surtout connu par cette *Vie de Sainte Clotilde*, il a pourtant composé d'autres ouvrages : *Vie de Saint Furcy*; Paris, 1607, in-12. — *Remarques sur la vie de Jean Calvin*; Rouen, 1621, in-8°. — *Vie de Saint Guisy, patron de la ville de Peronne*; Paris, 1623. — La relation du *Miracle advenu à Andely* (il ne nous paraît pas qu'il l'ait seulement signé). — Enfin, plus rare que tous les précédents, et n'ayant été encore nulle part mentionné, un petit volume in-12, prose et vers : *l'A-*

Nicolas Piedevant, curé de Forest en Vexin, qui, en 1639, a mis en vers la vie et les miracles de sainte Clotilde, raconte ainsi quelques autres guérisons obtenues par l'intercession de la patronne des Andelys :

> Ainsi le noble du Taillis
> Premier Baillif de Normandie,
> Y trouua de ses nerfs faillis
> La force puissamment roidie ;
> Et la Dame de Flauacourt
> En neuf jours quelle fit la court
> Aux prieres Clotíldianes,
> Au bout de ses saincts complimens
> De ses douleurs quotidianes.
> Elle perdit les sentimens..
>
> Le curé du Mesnil Iourdain,
> D'vn quart du corps paralitique,

brégé des vies ov le Psavlier des Stes Vierges, avec les Pseaumes, Hymnes, Antiennes et Prieres sur le Triomphe de leur Virginité, enrichi de figures (très finement gravées par Michel Faute et Carl de Mallery), imprimé à Paris en 1609 et 1641, avec une dédicace à Haute et Pvissante Dame Madame Françoise Marguerite de Silly, Comtesse de Ioigny, Generalle des Galleres de France, Baronne du Plessis Escouy, etc. Signé : *Vostre très humble seruiteur* IACQVES DESMAY. *De vostre Cloistre d'Escouy*, 5 *Aoust* 1609.

Sentit son bras agir soudain
Aux vœux de cette eau probatique ;
Et luy-mesme ayant le pouuoir
De fort bien faire entendre et voir
La verité de ce miracle,
Dans vne publique Oraison
Sa propre bouche fut l'Oracle
Qui publia sa guerison.

De la Baronne de Rouvray,
Qui fit ces vœux à cette Reyne
Nous auons tesmoignage vray
D'vne guerison souveraine ;
Et vous baignée au mesme estang
Damoiselle du Val saint Iean
La santé vous fut redonnée,
Voyre apres que les medecins
Vous eurent tous abandonnée
Au point de vos dernieres fins.

Que Dieu fut prompt à la pitié,
Quand il entendit la priere,
Que luy fit la douce moitié
Du sieur Lieutenant l'Emperiere ;
Car apres auoir éprouué
Ce que Gallien a trouué
De secours en la Medecine,
Dont l'art ne luy profitoit point,
Saincte CLOTILDE en sa piscine
La fit remettre en son bon-point.

Apres quatre mois de douleurs,
Qu'Hypocrate auec son breuvage,
Ne sçeut redonner les chaleurs
Au corps du Procureur Sauvage ;
Et ne pouuant rien concevoir
Qui ioyeusement luy fist voir
La fin d'vn tourment si notoire
Apres ses neuf iours expirez
Cette saincte en son Oratoire
Restablit ses nerfs retirez.

A Paris dedans sainct Gervais
Le Vicaire encore en Office,
D'vn mal extremement mauuais
Vante une guerison propice ;
Car apres l'employ des moyens
Des vieux et nouueaux Galliens,
Par plus de cinquante semaines,
Sa Niepce dans les Andelys
Ayant acheué ses neufvaines
Sentit ses desirs accomplis.

Les Peres Chartreux de Gaillon,
Des Cieux le bien-aymé lignage,
Avec leur deuot bataillon
Asseureront mon témoignage
Car on void encore aujourd'huy
De sa santé tres-réjouy,

Vn de leurs propres domestiques
Qui portant là ses passions,
De ses membres paralytiques
A recouuert les fonctions.

Le Docteur Medecin d'Ailly,
Fameux d'art et d'experience,
A veu là maint homme assailly
De maux qui brauoient la science :
Et dit que plusieurs dans Paris
N'ayant peu mesme estre gueris,
Quelque inuention qu'on ait faite
Apres s'estre en cette eau plongez
Et leur neufvaine estant parfaite
De leurs maux ont esté purgez.

Enfin, on lit dans la *Description géographique et historique de la Haute-Normandie*, par Dom Toussaint Duplessis : « Une Religieuse du Prieuré de Saint Jean, nommée Genevieve Françoise de Marle, petite fille du Fondateur de cette Maison du côté de sa mere, fut guerie, dit-on, contre toute esperance humaine le 2 Juin 1732 par l'intercession de la Sainte. Depuis dix-sept ans un abcès d'une grosseur prodigieuse, qui s'etoit formé dans son corps, la retenoit au lit ; elle avoit les jarrets nouez, les jambes retirees derriere elle, le bras droit paralytique depuis un an, les yeux fermez, la voix eteinte et une fievre continuelle : elle ne mangeoit plus ou presque plus, et avoit reçu plusieurs fois l'Extrême-Onction. Le jour de sa guerison elle a veû, parlé, agité les bras, et presque marché ; elle a entendu le *Te Deum* à genoux ; et depuis, sa santé s'est si bien fortifiée, qu'on l'a chargée des emplois les plus fatiguans du Monastere. Je l'ai veûë parfaitement guerie ; mais je n'ai sçu que par le rapport d'autrui le detail de sa maladie. »

L'histoire confirmant le passage de sainte Clotilde aux Andelys et la fondation par la pieuse reine sinon de la principale église (1), au moins d'un monastère de religieuses qui, longtemps célèbre, fut détruit, croit-on, dans le xe siècle par les invasions des peuples du Nord ; la tradition rappelant le miracle de l'eau changée en vin pour secourir les ouvriers épuisés par la fatigue et la chaleur, enfin, la présence certifiée des reliques de la sainte au plus tard depuis 1612 (2), et tant de

(1) *Apud Andeliacum, cujus præcipuam sancta Clotildis fundaverat Ecclesiam...* 6e leçon de l'Office du jour de la Fête.

(2) Dans une *Vie de Ste Geneviève*, par Pierre le Juge, imprimée à Paris en 1586, il est déjà question d

guérisons proclamées ont mis particulièrement en renom le pélerinage de sainte Clotilde aux Andelys. Tous les ans, le 2 juin, au
milieu d'un grand concours de fidèles du
pays, et plus encore d'étrangers, l'église du
Grand-Andeli célèbre la fête solennelle de
son illustre patronne. La messe dite, la foule
des pélerins suit le clergé se rendant proces-
sionnellement à la fontaine, dans laquelle
l'officiant verse une certaine quantité de vin,
et puis immédiatement plonge l'image et les

reliques de Ste Clotilde, alors exposées à Notre-Dame-
d'Andely. — En 1612, J. Desmai, chanoine d'Ecouis,
obtint une partie du Crâne de la Sainte, il fut placé
dans le petit reliquaire en forme d'église que sa statue
tenait entre ses mains ; enfin, en 1655, le clergé et
quelques habitants des Andelys désirant posséder
une portion plus grande et plus apparente du corps
de la sainte reine, envoyèrent une députation à cet
effet vers le P. Blanchard, abbé de Sainte-Geneviève
de Paris ; ils en obtinrent une Côte entière, déposée
aussitôt dans une châsse en vermeil, qui dès lors
servit de base à l'ancienne statue. (Le procès-verbal
authentique de la translation de cette relique existe
aux Archives de la Préfecture de la Seine-Inférieure.)
C'est encore cette Côte qu'on expose à la vénération
des pélerins ; après avoir été rompue en trois parties
à l'époque de la révolution, elle fut conservée par le
zèle pieux de trois personnes de la ville et restituée
en 1806.

reliques de la Sainte; à peine les a-t-on re-
tirées que l'on voit se précipiter dans l'eau,
encore rougie du vin répandu, les infirmes,
les malades, hommes, femmes et enfants, les
uns voulant se baigner dans la fontaine, les
autres boire de cette eau ou simplement en
laver tel ou tel membre endolori, chacun
persuadé que sa guérison sera d'autant plus
certaine que la couleur du vin aura moins
disparu. Le lendemain, 3 juin, suivant une
fondation du commencement de ce siècle,
établie par douze habitants du Grand-Andeli, une grande messe est encore célébrée
en l'honneur de la Sainte dans l'église Notre-
Dame.

Le culte de sainte Clotilde, peu répandu
dans la Basse-Normandie, était, au contraire,
en grand honneur dans tout le Vexin, à
Gisors, à Pontoise, à Meulan, dans la Cam-
pagne du Neubourg (1), à Vernon, à Louviers;
quantité de petites paroisses y avaient, et
quelques-unes ont encore, des pélerinages
comme au Tronq, à Saint-Germain, à Ro-

(1) Dans l'église de Neubourg, nous avons remarqué
parmi plusieurs verrières, tout dernièrement placées,
une très belle représentation de sainte Clotilde.

milly; dans le Roumois, à Éturqueraie, à Bos-Benard-Cressy, à Montfort-sur-Risle.

Il serait difficile de citer dans le pays de Caux toutes les églises qui appellent, devant quelque représentation de la Sainte, la dévotion des fidèles et surtout des pauvres malades. A Rouen, où une tradition, refutée par Dom Pommeraye, mais admise depuis par d'autres auteurs (1), attribuait à l'épouse de Clovis la fondation de l'église qui fut plus tard placée sous l'invocation de Saint-Ouen, plusieurs confréries existaient en son honneur à Saint-Cande-le-Vieux, à Saint-Vigor, à la Chapelle-Saint-Marc, à Saint-Nicaise, à Saint-Sever, à Saint-Maclou où on voit encore une chapelle ornée de sa statue. A Neufchâtel, dans l'église Saint-Jacques, fut érigée, en 1647, une confrérie de sainte Clotilde ; les as-

(1) Dom Toussaint Duplessis, *Description géographique et historique de la Haute-Normandie*; les continuateurs de Farin, *Histoire de Rouen*, 1731. — Dans ses *Origines de Rouen, d'après l'Histoire et l'Archéologie*, M. l'abbé Cochet, s'en référant à une *Vie de sainte Clotilde* écrite au vi^e siècle, publiée par Mabillon et reproduite par Dom Bouquet, attribue aussi à cette reine la fondation, tout au moins le rétablissement du monastère des Saints-Apôtres, qui devint plus tard l'abbaye de Saint-Ouen.

sociés, hommes et femmes, étaient tenus de dire chaque jour cinq fois: *Ora pro nobis, Sancta Clotildis*; chaque dimanche, s'ils savaient lire, ils devaient dire encore le psaume *Exaudiat*, dans le cas contraire, répéter cinq *Pater* et cinq *Ave* à l'intention de la paix. Le jour de la fête, qui se célébrait solennellement tous les ans, le 3 juin, les confrères devaient assister aux premières vêpres, matines, messe et secondes vêpres, à la prédication faite pour exciter le peuple à la dévotion ; le lendemain, une messe de *Requiem* était dite à l'intention des frères et sœurs décédés. Une bulle d'indulgence à perpétuité fut obtenue du Pape en 1648 et publiée en 1649. Enfin, en mai 1670, sur les demandes instantes de Madame Marguerite, duchesse douairière d'Orléans, une relique du corps de sainte Clotilde fut retirée de sa châsse, conservée à Sainte-Geneviève de Paris, et exposée, avec la permission de François II de Harlay, archevêque de Rouen, dans l'église Saint-Jacques. C'est maintenant à Notre-Dame que, du 3 au 10 juin, un grand nombre de personnes viennent demander la récitation d'évangiles en l'honneur de la Sainte pour obtenir la guérison de toutes sortes de maux. Le samedi, pendant cette huitaine, jour où les habitants des campagnes environnantes viennent plus particulièrement à Neufchâtel, on célèbre plusieurs basses messes avant la messe principale qu'on chante à dix heures, à la suite de la procession où l'on porte la relique. En 1791, la relique fut transférée de l'église Saint-Jacques à Notre-Dame; non profanée pendant la révolution, malgré la fermeture de l'église, M. l'abbé Gressent, à son retour d'Angleterre après l'émigration, la trouva telle qu'il l'avait vue dès son enfance; depuis 1843, elle est exposée (1) sur le maître-autel, en face d'une relique de Saint-Faustin.

D'autres confréries sous le patronage de sainte Clotilde sont encore établies dans le pays de Bray, à Lannoy-Cuillère, au Neufbosc,

(1) Cette relique, avec celles des Andelys et une autre conservée dans un des trois reliquaires de l'église de Saint-Wandrille, sont peut-être les seules authentiques que l'on connaisse aujourd'hui de sainte Clotilde. On sait, en effet, que le corps de la Sainte, pieusement conservé dans l'église Sainte-Geneviève jusqu'à la révolution, fut à cette époque brûlé par le P. Claude Rousselet, dernier abbé de Sainte-Geneviève, croyant seulement pouvoir de cette manière le soustraire aux recherches des profanateurs; ces cendres sacrées ont été cédées, en 1844, par M. Fremin, ancien genovéfain, à la petite église de Saint-Leu. — Ce n'est

à Sommery, à Doudeauville ; dans cette der—
nière paroisse, le 3 juin, on va en procession
chercher la statue de la Sainte, placée dans
une petite chapelle bâtie en son honneur en
1825 et rebâtie en 1863, ce jour-là, il y a
messe chantée, vêpres et sermon. On fait en-
suite une grande procession dans la paroisse
avec la statue qu'on reporte à la petite chapelle. A Baillolet, dans le canton de Londi-
nières, un pélerinage existait très ancienne-
ment en l'honneur de sainte Clotilde ; inter-
rompu en 1793, il fut rétabli plus tard par
M. l'abbé Sannier, curé de la paroisse. Le 3
juin, il y a messe et vêpres solennelles, et les
habitants des paroisses voisines apportent
leurs enfants pour faire réciter des évangiles à
leur intention. Ce concours continue pendant

pas sans étonnement que nous avons lu dans la vie
de sainte Clotilde (*Dictionnaire hagiographique*, par
M. l'abbé Pétin, de la collection Migne ; Paris, 1850),
ce fait raconté de la façon inexacte suivante : « …. Enter-
rée selon son désir dans l'église Sainte-Geneviéve,
son corps à l'exception de son chef fut plus tard placé
dans une riche châsse et exposé près de Vernon, en
Normandie, dans l'église abbatialle des genovéfains ;
au moment de leur expulsion en 1792, l'un de ces reli-
gieux l'ayant caché eut peur et le réduisit en cendres
qu'il conserva et qui se trouvent dans l'église de Saint-
Leu, à Paris. »

huit jours, mais surtout le dimanche et le jour de l'Octave auquel il y a grande messe, suivie des vêpres qu'on chante dans la chapelle de Sainte-Clotilde. Le nombre d'évangiles récités pendant cette huitaine est de 500 à 600 ; le dimanche qui suit le 3 juin, les jeunes filles de la paroisse offrent chaque année un pain bénit en l'honneur de la Sainte (1). A Dieppe, l'église Saint-Remy a aussi une chapelle consacrée à sainte Clotilde, on en voit également à Sassetot-le-Mal-Gardé, à Grainville-la-Teinturière, à Cailly, à Ouville-l'Abbaye où chaque année une confrérie célèbre avec grande pompe la fête de sa royale patronne. Enfin, car nous ne prétendons pas énumérer toutes les paroisses ayant cette dévotion, citons seulement encore l'église de Rolleville, dans le canton de Montivilliers, et l'église de Saint-Martin-de-Biennais, dans le canton de Tôtes, visitées toute l'année par des malades et des infirmes ; l'une et l'autre dans les premiers jours de juin voient accourir une véritable foule venant comme aux Andelys, non-seulement invoquer la Sainte, mais aussi se baigner dans des fon-

(1) Le *Magasin normand*, dirigé par **M.** l'abbé Decorde. Neufchâtel, années **1868-1869**.

taines auxquelles les habitants de chacune de ces contrées attribuent le don des miracles.

En 1819, une société de bienfaisance et de secours se fondait à Rouen sous la dénomination de SOCIÉTÉ DE SAINTE CLOTILDE (1); son but était de venir en aide, au moyen d'une cotisation hebdomadaire, aux associés devenus malades ou grabataires. Combien de temps dura cette utile fondation ? C'est ce que nous ne saurions dire et semble d'ailleurs, relativement à notre sujet, de peu d'importance; ce qui nous a surtout frappé et nous a paru bon à noter, c'est que la liste imprimée des membres fondateurs, placée à la fin des statuts, était exclusivement composée d'ouvriers ou de journaliers, se rappelant sans doute ce nom resté par une tradition populaire, en dehors même de l'Église, l'emblème de la charité particulièrement vouée au soulagement du travailleur pauvre et souffrant.

(1) *Société de bienfaisance fondée à Rouen, l'an de grâce mil huit cent dix-neuf, sous la protection de la bienheureuse sainte Clotilde.* Rouen, Ch. Bloquel, rue Saint-Lô; 1819, in-8 de 24 p.

MIRACLE
ADVENV A ANDELY

La veille de la Pentecoste
derniere, le fecond iour du mois
de Iuin, mil six cens dix-huict :
Par l'interceffion de faincte
Clotilde Reyne de France,
femme de Clouis, premier
Roy Chreftien des
François.

A ROVEN,

Chez Nicolas le Prevost,
pres les Iefuiftes.

Auec Permiffion.

Au Lecteur.

Ainct Augustin parlant des miracles, dict que le miracle est vne chose surnaturelle, & non vsitée ordinairement, lequel Dieu fait quand bon luy semble, pour plusieurs raisons : Premierement pour monstrer sa toute puissance. Secondement pour confirmer la foy, finalement pour mōstrer la saincteté de ses bons serviteurs, & bonnes seruantes. Comme il a fait paroistre à la veille de la Pentecoste dernière, par vn recent miracle aduenu à Andely sept lieües distant de Rouen, par l'intercession de saincte Clotilde femme du Roy Clouis premier Roy Crestien de France. Ce que vous verrez amplement, s'il vous plaist prendre la peine de lire ce qui s'enfuit, si vous estes du nombre de ceux qui sont Catholiques, loüez en Dieu de ce bien qu'il fait pour la conseruation de la foy, si vous estes du nombre de ceux qui ne veulent reclamer les Saincts, ie vous prie quittez cette opinion.

MIRACLE ADVENV A ANDELY

*la veille de la Pentecoſte, le ſecond iour
du mois de Iuin, mil ſix cens dix-huiƈt, par
l'interceſſion de ſainƈte Clotilde Reyne de
France, femme de Clouis, premier
Roy Chrestien des François.*

Ean Griuet aagé de ſoixantc
& quinze ans, demeurant en
la Parroiſſe de ſainƈt Paul lez
Roüen fauxbourgs de Mar-
tainuille, au logis ou pend
pour enſeigne le grand Dauphin, detenu
malade par l'eſpace de huiƈt ans, plus cou-
ché & aſſis dans vne chaire que debout,
d'vne ſorte de paralyſie auec vne courte ha-
leine, eſtant demeuré de ſes membres, ne
pouuant aller que par l'aide du baſton, &
aſſiſtance de quelque perſonne pres de luy
pour luy ſeruir d'appuy, lequel ſe voyant
tout conſommé de purgations cauteres, &
autres applications de médecines ſans eſ-
perance de ſanté, eſtant abandonné de
ſecours humain, ayant leué les yeux
au Ciel prend reſolution de faire vœu à
Dieu ſouuerain medecin, & à madame

saincte Clotilde, afin de recouurer sa santé, auec telle foy & grande confiance à
l'intercefsion des Sainɗts, et particuliere-
ment de saincte Clotilde, entendant les
miracles qui se font tous les ans en la gua-
rison de plusieurs malades qui se baignent
en la fontaine de la saincte à Andely, que
deflors il quitte l'usage des cauteres, & de
toutes fortes d'operations humaines. Il se
fait porter la veille de la Pentecofte derniere audit lieu pour effeɗtuer son vœu, & ce
auec beaucoup de peines & douleurs, ne
pouuant prefque l'accomplir : Neantmoins
afsisté de Dieu & de l'intercefsion de la
saincte, l'ayant toufiours en sa bouche &
penfée, il paruint en la fontaine, où après
les ceremonies faites par le Clergé d'Andely, et la procefsion acheuée, plusieurs
malades s'eftant lauez & la foulle paffée,
ledit Griuet se fait defpoüiller & conduire
dans ladite fontaine auec beaucoup de peines, & douleurs, en telle foiblesse, et ne se
pouuant souftenir tomba de son long dans
icelle, & apres s'eftre releué par l'aide des
Pelerins qui eftoient encor en ce lieu de
plusieurs pays à luy incognus, les sens luy
eftant reuenus commence à fortir de là, se
sent du tout guary rendant le bafton, com-

me n'en ayant plus de befoing, & eftant de retour dés le lendemain bien gaillard, il difpofe fa confcience à receuoir fon Createur le Lundy des feftes de la Pentecofte en fa parroiffe publiquement, ou tous fes voifins & concitoyens s'efioüirent gráde- ment tenant cela pour miracle, d'autant que fes parens, & eux auffi n'eftimoient qu'il deubt iamais recouurer fa fanté, en attribuant le default plutoft à fa vielleffe qu'aux fecours des hommes.

Tout ce que dit eft a ledit Iean Griuet declaré & attefté le vingt-deuxiéme iour de Iuin mil fix cens dix huiĉt, és prefences de difcrettes perfonnes maiftre Guillaume le Clerc Preftre cy deuant Vicaire perpetuel de ladite parroiffe de fainĉt Paul & à prefent de l'Oratoire à Rouen, maiftre Marin Durant à prefent Vicaire perpetuel en ladite Parroiffe, maiftre François du Buc preftre Clerc audit lieu, qui en telle maladie ont toufiours folicité ledit Griuet, Monsieur des Sondres, Monfieur du Baffet, maiftre Pierre du Mont Advocat en la Cour, maiftre Guillaume Chouquet precepteur d'enfans, & plufieurs autres perfonnes tant voifins qu'amis d'iceluy sousfignez, qui atteftent avoir veu, & folicité ledit Griuet depuis huiɕt ans iufques à la veille de la Pentecofte derniere, toufiours demeuré en fon liɕt malade, & quelque fois fe faifoit defcendre en bas en fa Salle, afin de receuoir quelque confolation de fes amis qui le venoient vifiter, depuis ledit iour de la Pentecofte, l'auoir veu bien fain, & gaillard depuis fon retour d'Andely, & le pelerinage accomply de fainɕte Clotilde, fait ce iour & an que deffus. Signé Griuet, le Clerc, Durant, Dubuc Preftre, De la haye fieur des Sondres, Dumont, Chouquet, Coipel, Queual, Robert Mazeline, auec tous chacun leurs feings & paraphes. Et en la page fuivante eft efcrit:

DE l'authorité de Reuerend Pere en Dieu Meffire François de Harlay par la permiffion diuine Archeuesque de Rouen, & primat de Normandie ; Nous Iacques Defmay Preftre Doɕteur en Theologie, de la fociété de Sorbonne, Doyen de l'Eglife Collegialle de noftre Dame d'Efcouys, & Vicaire general de mondit Seigneur, ayant examiné honorable homme Iean Griuet maiftre de la maifon du grand Dauphin parroiffe de fainɕt Paul au fauxbourg de Martainuille de

Rouen, aagé de foixante et quinze ans ou enuiron, fur la fubite fanté par luy recouuerte la veille de Pentecofte derniere : Et ayant recogneu par fon examen de bouche, & deux autres tefmoings qui ont figné au procez verbal fur ce dreffé, qu'apres huiɗ ans de maladie & perclufion de fes membres il avoit fait vœu à fainɗe Clotilde, & l'auoit efté accomplir en fa Chappelle érigée dans l'enclos du Cimetiere de noftre Dame d'Andely, le fecond iour de ce prefent mois veille de Pentecofte, auquel iour il auoit entierement recouuert fa fanté, la fonɗion naturelle de fes membres, & le mouuement progreffif; ainfi que nous l'auons veu marcher. Nous de l'authorité que deffus pour ne point taire les merueilles de Dieu en fes Sainɗs, auons permis le narré du miracle eftre imprimé, comme vn tefmoignage euident que Dieu veut que les noms de fes Sainɗs et Sainɗes foient honorables deuant luy, & qu'ils foient reclamez, & inuoquez par les hommes en leurs neceffitez; en vertu dequoy nous auons figné à ces prefentes ce vingtdeuxiéme de Iuin mil fix cens dix-huiɗ. Signé I. Defmay Vicaire General, auec vn paraphe.

Parmi une quantité assez notable de livres curieux
et rares qui furent vendus à Paris au mois de jan-
vier 1869 (catalogue V. Luzarche, tome second),
la toute mince plaquette : *Miracle advenu à Andely
la veille de la Pentecoste derniere, le second iour du
mois de Iuin, mil six cens dix huict, par l'intercession de Saincte Clotilde etc...* huit pages dans une
modeste demi-reliure, convoitée par plusieurs biblio-
philes, s'éleva au prix de 82 francs !... Valait-elle ce
prix ? Il ne nous appartient pas, on le comprend,
de nous prononcer ; toutefois, sachant bien que, pour
conserver quelque intérêt à la modeste copie que nous
en voulions donner, si exacte dût-elle être, il y fallait
joindre quelques notes et documents se rattachant à
son sujet, nous l'avons fait précéder d'un abrégé de
la vie de sainte Clotilde, de ses Légendes, de ses
Miracles, de quelques mots sur son Culte en Normandie.

Si certains lecteurs trouvaient ces annexes plus
étendus que ne semblait le comporter un si court
livret, sans plus nous défendre d'un reproche qui
pourrait bien être mérité, nous ferions simplement
appel à leur indulgence ; si quelques autres, au contraire, séduits comme nous par l'étude de ces mœurs,

de ces récits d'autrefois, désiraient, au lieu de la simple
ébauche que nous avons donnée, d'autres détails, des
renseignements différents , plus complets , nous leur
indiquerions volontiers, propres à les satisfaire, les
ouvrages suivants :

Florent Grégoire, évêque de Tours, *Histoire ecclé-
siastique des Francs*. — Dom Mabillon, *Annales ord.
Sancti Bened.* — Modeste de Saint-Aimable, *la Monarchie sainte, Clermont* 1660. — Les Bollandistes,
Baillet, tous les hagiographes généraux, en particulier
Ribadeneyra : *Flos sanctorum.* — Ravisius Textor,
*Vita sanctæ Clotildis, apud : De memoralibus et claris
mulieribus aliquot diversorum scriptorum opera,
Parisiis* 1521. — Jacques Desmay, *la vie de Saincte
Clotilde, Rouen,* 1613. — N. Piedevant, *La vie et les
miracles de Saincte Clotilde, premiere Reyne Chres-
tienne de France, patronne d'Andely, mise en vers
françois, Rouen* 1639. — Mme de Renneville, *Vie de
sainte Clotilde, Paris, 1809 et 1829.* — L'abbé G.
Rouquette, *Panégyrique de sainte Clotilde, Paris,*
1866. — Du même, *Histoire de sainte Clotilde et de
son siècle, Paris,* 1867 — Le R. P. François Gay,
*sainte Clotilde et les Origines chrétiennes de la nation
et monarchie française,* Bar-le-Duc, 1867. — *L'Office
de sainte Clotilde, Rouen,* 1613 (ordinairement placé
à la suite de la *Vie* donnée par J. Desmay et différent
des Offices publiés depuis).— *Procès-verbal dressé en
1655, par Michel Gouel, doyen et Nicolas du Val, chanoine de Notre-Dame d'Andely de la translation en
cette église, d'une relique donnée par le P. Blan-

chard, abbé de Sainte-Geneviève de Paris..... ladite relique consistant en une des Côtes de sainte Clotilde... (Pièce originale conservée aux Archives départementales de la Seine-Inférieure, série G. 1770.) — La vie de sainte Clotilde, Reine de France. Ensemble les Miracles qui se sont faits à sa Fontaine avec la Translation de sa Côte et la vie du Roi Clovis et de ses enfants comme aussi l'Office à neuf leçons... Rouen, François Oursel, 1730. — Vie et Office de sainte Clotilde, reine de France et seconde patronne de la ville d'Andely, Rouen et Andely, souvent réimprimé. — Les litanies de sainte Clotilde, reine de France... en faveur de tant de pieux pèlerins... lorsqu'ils viennent à son Eglise de Rolleville implorer sa protection et son intercession, ensemble l'Office des secondes et premières vêpres le jour de sa fête ; comme aussi les prières de la Procession générale qui se fait tous les ans à sa Fontaine avec la Messe et la Vie de cette grande Sainte, Montivilliers et Rouen. — Les biographies générales, surtout la Nouvelle biographie générale, publiée par MM. Firmin Didot, article Clotilde, signé Georges Cadoudal. — Brossard de Ruville : Histoire de la ville des Andelis et de ses dépendances, Les Andelis, Delcroix, 1864.

C. L.

ROUEN. — IMP. DE H. BOISSEL.

9 782329 667508